RÉPERTOIRE

DES

SCEAUX DES VILLES FRANÇAISES

Dont l'inventaire et la description par M. DOUET-D'ARCQ
ont été publiés sous la direction des Archives nationales
en 1861, 1867 et 1868

PHOTOGRAPHIÉS

PAR

STÉPHANE GEOFFRAY

Prix : 4 francs

DÉPOT :
8, Rue Campagne-Première, 8

PARIS

RÉPERTOIRE

DES

SCEAUX DES VILLES FRANÇAISES

RÉPERTOIRE

DES

SCEAUX DES VILLES FRANÇAISES

Dont l'inventaire et la description par M. DOUET-D'ARCQ
ont été publiés sous la direction des Archives nationales
en 1861, 1867 et 1868

PHOTOGRAPHIÉS

PAR

STÉPHANE GEOFFRAY

DEPOT :

8, Rue Campagne-Première, 8

—

PARIS

Les collectionneurs de médailles, de monnaies, les numismates sont nombreux ; mais les collectionneurs de *sceaux*, les sigillographes sont relativement très rares ; et cependant, sans la connaissance des sceaux, il est bien difficile de faire de l'héraldie, science en grand honneur aujourd'hui.

Les contradictions, les incertitudes et les erreurs flagrantes des armorialistes qui publient, seraient moins fréquentes si, tout en étudiant sur les innombrables images qui représentent des armoiries, ils observaient comparativement les types des sceaux documents anthentiques ayant eu un caractère légal puisqu'ils certifiaient la valeur des pièces scellées vis-à-vis des tiers comme entre les contractants.

L'étude du sceau et les observations qu'elle fournit est pour nous, et pour beaucoup d'autres avant nous, la seule base sérieuse de la *vraie science* du blason.

La sigillographie n'a pas moins d'importance que la numismatique, au point de vue de l'histoire générale des peuples, elle en a davantage au point de vue de la connaissance des institutions dans chaque nation. Au point de vue de l'art sphragistique et pour l'histoire des familles, elle est d'une utilité évidente.

Rappelons-nous que le sceau a été le timbre des corps constitués, des dignités et des offices, la signature et le paraphe de nos pères, l'authenticateur de tous les actes libellés, qu'il se soit appelé *sceau*, *signet* ou *cachet*.

Nous pensons que si la sigillopraphie est encore peu étudiée, c'est parce que les documents sont rares dans les familles et même dans les dépôts publics; que d'ailleurs leur recherche est difficile et que, en définitive, les publications qui s'en occupent pour les indiquer ou les décrire, sont d'un prix hors de la portée de tous.

Nous pensons aussi qu'un moyen de vulgariser l'étude des sceaux, est de faire connaître aux intéressés l'existence de tous les sujets conservés et le lieu où on peut les voir et les observer.

C'est pourquoi nous entreprenons la pubilcation de *Répertoires* où on trouvera la nomenclature des sceaux qui existent dans les dépôts publics et les collections particulières avec la date des titres auxquels ils appartiennent.

Chacun pourra, d'après nos guides, savoir s'il lui est possible de trouver et de se faire communiquer le document qui l'intéresse.

Nous publierons ensuite un état des sceaux conservés dans les familles à mesure que nous les co[n]naîtrons. Les études sigillographiques et sphragi[s]tiques pourront être complétées ou tout au moi[ns] continuées plus facilement grâce à ces indication[s].

Nous espérons être utile, de cette façon, à [la] science héraldique et à l'histoire de nos institution[s] c'est là, si nous réussissons, le seul mérite auqu[el] nous aurons droit.

Paris, mai 1891.

STEPHANE GEOFFRAY

RÉPERTOIRE

DES

SCEAUX DES VILLES FRANÇAISES

Inventoriés aux Archives Nationales

Par M. DOUET-D'ARCQ

ALSACE
(Haut-Rhin, Bas-Rhin)

BRUMATH, XIVᵉ siècle	5440
COLMAR, 1591	5441
— 2ᵉ sceau, 1662	5442
EGUISHEIM, 1528	5443
GUEBWILLER, 1482	5444
— 2ᵉ sceau, 1623	5445
— 3ᵉ sceau, 1682	5446
MULHOUSE, 1549	5447
NEUF-BRISACH, 1530	5448
— 2ᵉ sceau, 1609	5449
RIBEAUVILLÉ, 1526	5450
— 2ᵉ sceau, XVIᵉ siècle	5451
SOUFFAC, 1585	5452

	Nos de l'inventa
STRASBOURG, XIVᵉ siècle	5453
— 2ᵉ sceau (1648).	5454
SOULTZ, 1528.	5455

ANGOUMOIS
(Une grande partie de la Charente)

ANGOULÊME, XVIIIᵉ siècle 5456

ANJOU
(Maine-et-Loire, partie de la Mayenne, de la Sart[he] et d'Indre-et-Loire)

ANGERS, 1506	5457
— contre-sceau	5457 b

AUNIS
(Partie de la Charente-Inférieure)

LA ROCHELLE, 1308.	5458
— contre-sceau	5458 b
— 2ᵉ sceau, 1437	5459
— revers.	5459 b

AUVERGNE
(Haute-Loire, Puy-de-Dôme, Cantal)

AURILLAC, 1284	5460
— contre-sceau	5460 b

	Nos de l'inventaire
CLERMONT, 1255.	5461
— contre-sceau	5461 *bis*
ISSOIRE, 1308	5462
MAURS, 1308.	5463
— revers.	5463 *bis*
MAUZAC, 1357	5464
— contre-sceau	5464 *bis*
MONTFERRANT, 1225	5465
— contre-sceau	5465 *bis*
MONTSALVY, 1308	5466
— revers.	5466 *bis*
RIOM, 1283	5467
— contre-sceau	5467 *bis*
SAINT-FLOUR, 1308.	5468
— contre-sceau	5468 *bis*
SALERS, 1790	5469

BÉARN

(*Basses-Pyrénées*)

SAINT-JEAN-PIED-DE-PORT, 1279	5470

BERRI

(*Cher, Indre*)

VIERZON, 1308	5472
— contre-sceau	5472 *bis*

BOURBONNAIS
(Allier)

Nos de l'inventa

Moulins, 1774 5472

BOURGOGNE
(Yonne, Côte-d'Or, Saône-et-Loire, partie de l'Ain

Beaune, 1218	5473
Dijon, 1308	5474
— 2ᵉ sceau, xivᵉ siècle	5475
— contre-sceau, xvᵉ siècle. . . .	5476

BRESSE
(Partie de l'Ain)

Pont-de-Vaux, 1790	4477
Pont-de-Vesle, 1792	4478

BRETAGNE
(Loire-Inférieure, Morbihan, Finistère, Côtes-du-Nord

Lorient, 1761	5479
— 2ᵉ sceau, 1791	5480

CHAMPAGNE
(Haute-Marne, Aube, Marne, Ardennes, partie de Seine et-Marne, de la Meuse et de l'Yonne)

Bar-sur-Seine, 1308 5481

Nos de l'inventaire

Fîmes, 1308.	5482
Joinville, 1308.	5483
— contre-sceau	5483 bis
Langres, 1405.	5484
Meaux, 1308	5485
— contre-sceau	5485 bis
Mézières, 1404.	5486
— contre-sceau	5486 bis
— 2e sceau, 1790.	5487
— 3e sceau, 1792.	5488
Provins, 1268	5489
— 2e sceau, 1279.	5490
— 3e sceau, 1790.	5491
Reims, 1368.	5492
— contre-sceau	5492 bis
— 2e sceau, xive siècle.	5493
— 3e sceau, 1788.	5494
Saint-Dizier, 1308.	5495
— contre-sceau	5495 bis
Sens, 1263.	5496
— contre-sceau	5496 bis
Troyes, 1232	5497
— contre-sceau	5497 bis
Vaucouleurs, 1308	5498
— contre-sceau	5498 bis

COMTAT VENAISSIN
(Une partie du Vaucluse et de l'Ariège)

N⁰ˢ de l'inventa

AVIGNON, 1226	5499
— revers.	5499 b
— 2ᵉ sceau, 1251	5500
— revers.	5500 b
— 3ᵉ sceau, 1303	5501
— revers.	5501 b
TARASCON, 1231	5502
— revers.	5502 b

FLANDRE ET ARTOIS
La plus grande partie du Nord et du Pas-de-Calai

AIRE, 1199	5503
— contre-sceau	5503 b
— 2ᵉ sceau, 1308	5504
— 3ᵉ sceau, 1370	5505
— contre-sceau	5505 b
ARRAS, 1303	5506
— contre-sceau	5506 b
— 2ᵉ sceau, 1529	5507
— contre-sceau	5507 b
AVESNES, 1769	5508
BAILLEUL, 1237	5509
— contre-sceau	5509 b
— 2ᵉ sceau, 1304	5510

                                                        Nos de l'inventaire
ERGUES, 1199 5511
— contre-sceau . . . . . 5511 *bis*
— 2º sceau, 1328 5512
— contre-sceau . . . . . 5512 *bis*
ÉTHUNE, 1308 5513
— contre-sceau . . . . . 5513 *bis*
— 2º sceau, 1380 5514
— contre-sceau . . . . . 5514 *bis*
— 3º sceau, 1529 5515
— contre-sceau . . . . . 5515 *bis*
OURBOURG, 1237 5516
— contre-sceau . . . . . 5516 *bis*
— 2º sceau, 1326 5517
— contre-sceau . . . . . 5517 *bis*
AMBRAI, 1282 5518
— contre-sceau . . . . . 5518 *bis*
— 2º sceau, 1340 5519
— 3º sceau, 1770 5520
ASSEL, 1237 5521
— contre-sceau . . . . . 5521 *bis*
— 2º sceau, 1245 5522
— deux contre-sceaux . . . 5522 *bis* et *ter*
OUAI, 1226 5523
— 2º sceau, 1427 5524
— contre-sceau . . . . . 5524 *bis*
UNKERQUE, 1244 5525
— contre-sceau . . . . . . 5525 *bis*
— 2º sceau, 1328 5526

N^{os} de l'inventa

— contre-sceau	5526
GRAVELINES, 1244	5527
— 1er contre-sceau	5527 b
— 2° contre-sceau	5527 t
— 2° sceau, 1328	5528
— contre-sceau	5528 b
HESDIN, 1211.	5529
— contre-sceau	5529 b
LENS, 1228	5530
— contre-sceau	5530 b
— 2° sceau, 1308.	5531
— contre-sceau	5531 b
— 3° sceau, 1444	5532
— contre-sceau.	5532 b
LILLE, 1199	5533
— contre-sceau	5533 b
— 2° sceau, 1286	5534
— contre-sceau	5534 b
— 3° sceau, 1308	5535
— contre-sceau	5535 b
— 4° sceau, 1410	5536
— contre-sceau	5536 b
— 5° sceau, 1764.	5537
— (mairie de) xviii° siècle. . . .	5538
MARDICK, 1237	5539
— contre-sceau	5539 b
MAUBEUGE, 1374.	5540
MORTAGNE, 1529.	5541

	Nos de l'inventaire
RCHIES, 1244.	5542
— contre-sceau.	5542 *bis*
— 2ᵉ sceau, 1430	5543
— contre-sceau	5543 *bis*
E] QUESNOY, 1245.	5544
— contre-sceau	5544 *bis*
AINT-AMAND, 1529.	5545
— contre-sceau	5545 *bis*
AINT-OMER, 1199.	5546
— revers;	5546 *bis*
— 2ᵉ sceau, 1308	5547
— contre-sceau	5547 *bis*
— 3ᵉ sceau, 1499	5548
— revers.	5548 *bis*
SAINT-POL, 1303	5549
— contre-sceau	5549 *bis*
VALENCIENNES, 1374.	5550
— contre-sceau	5550 *bis*
— 2ᵉ sceau, 1509	5551

PAYS DE FOIX

(Partie de l'Ariège et du Tarn)

GAILLAC-TOULZAT, 1303	5552
LÉZAT, 1308.	5553
PAMIERS, 1267	5554
— revers.	5554 *bis*
— 2ᵉ sceau, 1303	5555

— revers	5555 b
SAVERDUN, 1303.	5556

FRANCHE-COMTÉ
(Jura)

DOLE, 1769	5557

GASCOGNE

(Partie des Hautes-Pyrénées, du Gers, des Landes, de Lot-et-Garonne, de l'Ariège et du Tarn-et-Garonne)

CASTEL-FRANC, XIVe siècle	5558
GABARET, XIVe siècle	5559
LECTOURE, 1303	5560
— revers	5560 b
MEZIN, 1243	5561
— revers.	5561 b
SAINT-GIRONS, 1303	5562
VERDUN, 1242	5563
— revers	5563 b
— 2e sceau, 1303	5564

GUYENNE

(Gironde, Dordogne, Lot-et-Garonne, Lot, Aveyron et partie des Landes, du Gers, des Hautes-Pyrénées

de la Lozère, du Tarn-et-Garonne, de la Haute-Garonne, de l'Ariège et des Basses-Pyrénées)

Nos de l'inventaire

AGEN, 1243	5565
— revers	5565 bis
BORDEAUX, 1297	5566
— revers	5566 bis
— 2ᵉ sceau, 1342	5567
— revers	5567 bis
— 3ᵉ sceau, 1516	5568
— contre-sceau	5568 bis
GENSAC, 1791	5569
MARMANDE, 1243	5570
— revers	5570 bis
PENNE-D'AGEN, 1243	5571
= revers	5571
PORT-SAINTE-MARIE, 1243	5572
— revers	5572 bis
SAINT-EMILION, 1302	5573
— revers	5573 bis

ILE DE FRANCE

Seine, grande partie de Seine-et-Oise, de Seine-et-Marne, de l'Oise, petite partie du Loiret et de la Nièvre)

ASNIÈRES-SUR-OISE, 1259	5574
CHAUMONT-EN-VEXIN, 1211	5575
DOURDAN, 1792	5576

	Nos de l'inventa.
Houdan, 1379	5577
Mantes, 1208	5578
— 2ᵉ sceau, 1228.	5579
— contre-sceau	5579 b
— 3ᵉ sceau, 1307	5580
— contre-sceau	5580 b
Melun, 1789.	5581
Paris, 1210	5582
— 2ᵉ sceau, 1366.	5583
— revers	5583 b
— 3ᵉ sceau, 1406	5584
— 4ᵉ sceau, 1412.	5585
— contre-sceau.	5585 b
— 5ᵉ sceau, 1426.	5586
— 6ᵉ sceau, 1472	5587
— 7ᵉ sceau, 1577	5588
— contre-sceau	5588 b
— 8ᵉ sceau, 1631.	5589
— 9ᵉ sceau, 1646.	5590
— 10ᵉ sceau, 1674	5591
— 11ᵉ seeau, 1733	5592
— 12ᵉ sceau, 1734	5593
— 13ᵉ sceau, 1789	5594
— 14ᵉ sceau, 1789	5595
— 15ᵉ sceau, 1792	5596
Mairie de Paris, 1792	5597
Plaisir, 1792.	5598
Poissy, 1276.	5599

		Nos de l'inventaire
— 2° sceau, 1308		5600
— contre-sceau		5600 bis
POMPONNE, 1228		5601
— contre-sceau		5601 bis
PONTOISE, 1228		5602
— contre-sceau		5602 bis
— 2° sceau, 1276		5603
— contre-sceau		5603 bis
— 3° sceau, 1355		5604
— contre-sceau		5604 bis

LANGUEDOC

(Ardèche, Aude, Gard, partie de la Haute-Garonne, de l'Hérault, de la Haute-Loire, de la Lozère, du Tarn, du Tarn-et-Garonne, de la Charente et des Landes)

AGDE, 1303	5605
AIMARGUES, 1303	5606
ALAIS, 1303	5607
ALBY, 1303	5608
— revers	5608 bis
ALET, 1240	5609
— 1er contre-sceau	5609 bis
— 2° contre-sceau	5609 ter
AMBIALET, 1303	5610
ANIANE, 1303	5611
AURIAC, 1303	5612
BARBEYRAC, 1303	5613
BÉZIERS, 1226	5614

N^{os} de l'inventa[ire]

— revers	5614 b
— 2ᵉ sceau, 1291	5615
— 3ᵉ sceau, 1303	5616
— revers	5616 b
BRENS, 1303	5617
BRIATEXTE, 1303	5618
— revers	5618 b
CAPESTANG, 1303	5619
CARAMAN, 1303	5620
CARBONNE, 1303.	5621
— revers	5621 b
CARCASSONNE, 1228.	5622
— revers	5622 b
— 2ᵉ sceau, 1303	5623
— revers.	5623 b
CASTELNAUDARY, 1242	5624
— revers	5624 b
— 2ᵉ sceau, 1308	5625
— revers	5625 b
— 3ᵉ sceau, 1790	5626
CASTEL-SARRASIN, 1243	5627
— revers.	5627 b
CASTRES, XIIIᵉ siècle	5628
— revers	5628 b
— 2ᵉ sceau, 1303	5629
— revers.	5629 b
CESSENON, 1303.	5630
COUFFOULENS, 1303.	5631

	Nos de l'inventaire
CONQUES, 1303	5632
CORDES, 1303	5633
— revers	5633 bis
FANJAUX, 1242	5634
GAILLAC, 1308	5635
— revers	5635 bis
GIGNAC, 1303	5636
LA GRASSE, 1303	5637
LARGENTIÈRE, 1303	5638
— revers	5638 bis
LAUTREC 1308	5639
— revers	5639 bis
LAVAUR, 1308	5640
— revers	5640 bis
LIMOUX, 1303	5641
LE MAS-SAINTES-PUELLES, 1242	5642
MIREPOIX, 1303	5643
— revers	5643 bis
MONTAGNAC, 1303	5644
MONTAGUT, 1242	5645
— revers	5645 bis
MONTESQUIEU, 1303	5646
MONTOLIEU, 1303	5647
MONTPELLIER, 1306	5648
MONTRÉAL, 1303	5649
— revers	5649 bis
NARBONNE (cité), 1218	5650
— revers	5650 bis

Nos de l'inventa[ire]

— 2ᵉ sceau, 1243	5651
— revers	5651 b
— (bourg), 1218	5652
— revers	5652 b
— 2ᵉ sceau, 1243	5653
— revers	5653 b
— 3ᵉ sceau, 1303	5654
Cité de Narbonne, 1303	5655
— revers	5655 b
Nimes, 1226	5656
— Sceau des chevaliers des Arènes, 1302	5657
— Sceau de la Cité, 1303	5658
— contre sceau	5658 b
Olargues, 1303	5659
Orban, 1303	5660
Penautier, 1303	5661
Peyriac, 1303	5662
Pézenas, 1303	5663
La Pomarède, 1303	5664
Puy-Laurens, 1242	5665
— 2ᵉ sceau, 1303	5666
— contre-sceau	5666 b
Rabastens, 1242	5667
— revers	5667 b
— 2ᵉ sceau 1303	5668
— revers	5668 b
Realmont, 1303	5669

	Nos de l'inventaire
— revers.	5669 *bis*
Rieux, 1303	5670
— 2ᵉ sceau, 1303	5671
Saint-Bertrand-de-Comminges, 1789	5672
Saint-Denis, (en Languedoc), 1303	5673
Saint-Gervais, 1303	5674
Saint-Guilhem-du-Désert, 1303	5675
Saint-Hippolyte, 1789	5676
Saint-Pons-de-Thomières, 1126	5677
— 2ᵉ sceau, 1303	5678
Aissac, 1303	5679
Toulouse, 1214	5680
— revers	5680 *bis*
— 2ᵉ sceau, xiiiᵉ siècle	5681
— revers	5681 *bis*
— 3ᵉ sceau, 1242	5682
— revers	5682 *bis*
— 4ᵉ sceau, 1303	5683
— revers.	5683 *bis*
— 5ᵉ sceau, 1444	5684
— 6ᵉ sceau, 1734	5685
— 7ᵉ sceau, 1743	5686
Uzès, 1303	5687
Villefranche, 1308	5688
— revers.	5688 *bis*
Villmagne, 1303	5689
Villemoustausson, 1303	5690
Villemur, 1442	5691

	Nos de l'inventa
— revers	5691 b

LIMOUSIN

(Creuse, Corrèze et partie de la Haute-Vienne).

Brives, 1789.	5692
Limoges, 1303	5693
— contre-sceau	5693 b
Saint-Junien, 1303.	5694
— contre-sceau	5694 b
Saint-Léonard, 1308.	5695
— contre-sceau	5695 b
Uzerches, xviii° siècle	5696

LORRAINE

(Moselle, Meurthe, Meuse, Vosges, partie de la Corrè et du Luxembourg)

Epinal, 1444	5697
— contre-sceau	5697 b
— 2° sceau 1462	5698
— contre-sceau	5698 b
Metz, 1297	5699
— contre-sceau	5699 b
— 2° sceau, xiv° siècle	5700
— contre-sceau	5700 b
— 3° sceau, 1604	5701
— contre-sceau	5701 b

ΛARBOURG, 1418	5702
— 2° sceau, 1472	5703
ΊHIONVILLE, 1529	5704
ΌUL, 1300	5705
— contre-sceau	5705 *bis*
— 2° sceau, 1401	5706
— contre-sceau	5706 *bis*
ΊULLE (en Limousin), xviii° siècle.	5707
ΈRDUN, 1396	5708
— contre-sceau	5708 *bis*
— 2ᵉ sceau, 1789	5709

LYONNAIS
(Loire, Rhône).

ΊYON, 1271	5710
— 2° sceau, 1320	5711
— contre-sceau	5711 *bis*

NIVERNAIS
(La plus grande partie de la Nièvre)

ΈCIZE, 1736	5712
ΈVERS, 1694	5713

NORMANDIE
(Seine-Inférieure, Eure, Calvados, Manche et une partie de l'Orne)

ΊMALE, 1308	5714

	Nos de l'inventai...
— contre-sceau	5714 b.
Eu, 1308.	5715
— contre-sceau	5715 b
Pont-Audemer, 1260	5716
Rouen, 1222.	5717
— 2º sceau, 1262	5718
— contre-sceau.	5718 b
— 3º sceau, 1266	5719
— 4º sceau, 1363	5720
— 5º sceau, 1381	5721
— 6º sceau, 1789	5722
Saint-Valéry-sur-mer, 1303.	5723
— contre-sceau	5723 b
Torigny, 1790	5724
Verneuil, 1228.	5725
Vétheuil, 1218.	5726
— contre-sceau	5726 b

ORLÉANAIS

(Loir-et-Cher, Eur-et-Loir et la plus grande partie du Loiret).

Montdoubleau, 1326	5727

PÉRIGORD

(Dordogne et une partie de Lot et Garonne).

Aymet ou le Razat-d'Aymet, 1308.	5728

	Nos de l'inventaire
Périgueux, 1204	5729
— 2e sceau, 1308	5730
— revers	5730 bis
Périgueux-Puy-St.-Front, 1223	5731
— contre-sceau	5731 bis
— 2e sceau, 1245	5732
— revers	5732 bis
Sarlat, 1223	5733

PICARDIE

(Somme, une partie de l'Aisne et petite partie de la Manche, de Seine-et-Oise, du Pas-de-Calais, de la Seine-Inférieure, de l'Orne et de l'Oise)

Abbeville, 1320	5734
— 1er contre-sceau	5734 bis
— 2e contre-sceau	5734 ter
— sceau-secret, 1323	5735
— scel aux causes, 1368	5736
— 1er contre-sceau de ce scel	5736 bis
— 2e contre-sceau	5736 ter
Airaines, 1211	5737
— contre-sceau	5737 bis
Amiens, 1228	5738
— contre-sceau	5738 bis
— 2e sceau, 1505	5739
— contre-sceau	5739 bis
Ancre, 1543	5740

— contre-sceau	5740 b
ARGUEL, 1330	5741
ATHIES, 1228.	5742
BEAUMONT-SUR-OISE, 1228	5743
— contre-sceau	5743 b
BEAUQUESNE, 1260	5744
— contre-sceau	5744 b
BEAUVAIS, 1228.	5745
— contre-sceau.	5745 b
— 2° sceau, 1258	5746
BOULOGNE-SUR-MER 1269	5747
— contre-sceau	5747 b
— 2° sceau, 1396	5748
— contre-sceau	5748 b
BRAY-SUR-SOMME, 1260	5749
— contre-sceau.	5749 b
BRUYÈRES-EN-LAONNAIS, 1228 . . .	5750
— 2° sceau, 1303.	5751
— contre-sceau	5751 b
BULLES, 1303	5752
— contre-sceau	5752 b
CALAIS, 1308	5753
— contre-sceau	5753 b
CAPPY, 1228.	5754
CERNY-EN-LAONNAIS, 1303 . . .	5755
— contre-sceau	5755 b
CHAMBLY, 1276	5756
CHAUDARDE, 1308	5757

— contre-sceau	5757 *bis*
CHAUNY, 1303	5758
— contre-sceau	5758 *bis*
COMPIÈGNE, XIIIe siècle	5759
— contre-sceau	5759 *bis*
— 2° sceau, 1303	5760
— contre-sceau	5760 *bis*
CORBIE, 1228	5761
— contre-sceau	5761 *bis*
CRANDELIN, 1308	5762
— contre-sceau	5762 *bis*
CRÉCY-SUR-SERRE, 1303	5763
CRÉPY-EN-LAONNAIS, 1260	5764
CRÉPY-EN-VALOIS, 1228	5765
— contre-sceau	5765 *bis*
CYS-LA-COMMUNE, 1256	5766
— contre-sceau	5766 *bis*
DOULLENS, XIIe siècle	5767
— revers	5767 *bis*
LA FÈRE, 1303	5768
— contre-sceau	5768 *bis*
GUISE, 1763	5769
HAM, 1223	5770
— contre-sceau	5770 *bis*
LAON, 1228	5771
— contre-sceau	5771 *bis*
— 2e sceau, 1271	5772
— contre-sceau	5772 *bis*

	Nos de l'inventaire
MARLE, 1303.	5773
— contre-sceau	5773 b
MAYO OU LE CROTOY, 1230	5774
— 2ᵉ sceau, 1361.	5775
— contre-sceau	5775 b
MONTAIGU, 1203	5776
— contre-sceau	5776 b
MONTDIDIER, 1203.	5777
— contre-sceau	5777 b
— 2ᵉ sceau, 1308.	5778
— 3ᵉ sceau, 1414.	5879
MONTREUIL-SUR-MER, 1210	5780
— contre-sceau	5780 b
— 2ᵉ sceau, 1259.	5781
— contre-sceau.	5781 b
— 3ᵉ sceau, 1361.	5782
— 1ᵉʳ contre-sceau	5782 b
— 2ᵉ contre-sceau.	5782 t
— 4ᵉ sceau, 1443.	5783
— contre-sceau	5783 b
NESLE, 1230.	5784
— 2ᵉ sceau, 1303.	5785
— contre-sceau	5785 b
NOYON, 1259.	5786
— contre-sceau	5786 b
PÉRONNE, 1228.	5787
— 2ᵉ sceau, 1336	5788
— contre-sceau	5788 b

	Nos de l'inventaire
Foix, 1303	5789
— contre-sceau	5789 *bis*
Ponthoile, 1230	5790
— contre-sceau	5790 *bis*
Roye, 1228	5791
— contre-sceau	5791 *bis*
Rue-en-Ponthieu, 1303	5792
Saint-Josse-sur-mer, 1230	5793
— 2ᵉ sceau, 1345	5794
— 3ᵉ sceau, 1361	5795
— contre-sceau	5795 *bis*
Saint-Quentin, 1228	5796
— contre-sceau	5796 *bis*
— 2ᵉ sceau, 1308	5797
— contre-sceau	5797 *bis*
Saint-Riquier, 1291	5798
— contre-sceau	5798 *bis*
— 2ᵉ sceau, 1303	5799
— contre-sceau	5799 *bis*
— 3ᵉ sceau, 1348	5800
— contre-sceau	5800 *bis*
Senlis, 1228	5801
— 1ᵉʳ contre-sceau	5801 *bis*
— 2ᵒ contre-sceau	5801 *ter*
Soissons, 1228	5802
— contre-sceau	5802 *bis*
Vailly, 1260	5803
— contre-sceau	5803 *bis*

N⁰ˢ de l'inventa[ire]

— 2ᵉ sceau, 1308	5804
Wissant-sur-mer, 1303	5805
— contre-sceau	5805 b

POITOU
(Vendée, Deux-Sèvres, Vienne).

Luçon, 1791.	5806
Poitiers, 1303	5807
— revers	5807 b
— 2ᵉ sceau, 1506	5808
— contre-sceau	5808 b

PROVENCE
(Bouches-du-Rhône, Var, Basses-Alpes, partie de la Drôme et du Vaucluse)

Marseille, 1237	5809
— revers	5809 b
Saint-Maximin, 1768	5810
Saint-Rémi, 1748	5811
— 2ᵉ sceau, xviiiᵉ siècle.	5812

QUERCY
(Lot, Tarn-et-Garonne et petite partie de l'Aveyron[)]

L'Albenque, 1309	5813
Belaye, 1309	5814
— contre-sceau	5814 b

	Nos de l'inventaire
BRETENOUX, 1309	5815
— contre-sceau	5815 bis
CAHORS, 1309	5816
— revers	5816 bis
— 2ᵉ sceau. 1790	5817
CAPDENAC, 1243	5818
— contre-sceau	5818 bis
CARDAILLAC, 1308	5819
CASTELNAU, 1309	5820
— revers	5820 bis
CAUSSADE, 1308	5821
CAYLUS, 1243	5822
— 2ᵉ sceau, 1243	5823
— revers	5823 bis
FIGEAC, 1309	5824
— revers	5824 bis
FONS, 1308	5825
— revers	5825 bis
GOURDON, 1308	5826
— contre-sceau	5826 bis
— 2ᵉ sceau, 1303	5827
— revers	5827 bis
LA FRANÇAISE, 1309	5828
LAUSERTE, 1243	5829
— revers	5829 bis
MARTEL, 1309	5830
— revers	5830 bis
MOISSAC, 1243	5831

— revers	5831 b
MOLIÉRES, 1309.	5832
— revers.	5832 b
MONCLAR, 1309.	5833
MONTALZAT, 1309	5834
— contre-sceau	5834 b
MONTAUBAN, 1309	5835
— revers	5835 b
MONTCUC, 1243.	5836
— revers	5836 b
MONTPEZAT, 1308	5837
— revers.	5837 b
ROCAMADOUR, 1308.	5838
SAUVETERRE, 1309.	5839
— revers	5839 b
TAURIAC, 1309.	5840
— contre-sceau	5840 b

ROUERGUE

(Aveyron et partie du Tarn-et-Garonne)

BRUSQUE, 1309.	5841
COMPEYRE, 1308	5842
MILHAU, 1243	5843
— revers.	5843 b
— 2ᵉ sceau, 1269.	5844
— revers.	5844 b
— 3ᵉ sceau, 1303.	5845

	Nos de l'inventaire
Monfranc, 1303.	5846
Najac, 1243.	5847
— revers.	5847 bis
— 2ᵉ sceau, 1303.	5848
Peyrusse, 1243.	5849
— revers.	5849 bis
— 2ᵉ sceau, 1303.	5850
Saint-Afrique, 1303.	5851
Saint-Antonin, 1308.	5852
— revers.	5852 bis
Villeneuve-de-Rouergue, 1243	5853
— 2ᵉ sceau, 1303.	5854
— revers.	5854 bis

TOURAINE

(Indre-et-Loire, Vienne).

Tours, 1506.	5855
— contre-sceau	5855 bis

Les sceaux inventoriés sous les numéros 5453, 5456, 5474, 5475, 5476, 5482, 5486, 5493, 5538, 5558, 5559, 5696, 5700, 5721, 5812 sont *détachés*, les titres qu'ils scellaient sont inconnus.

Le numéro 5474 est conservé au cabinet des médailles et le numéro 5475 au musée du Louvre; le

numéro 5493 est au musée de Reims; le numéro 56[
appartient à la commune d'Uzerches; le numéro 54
est au dépôt des archives de Mézières.

Le numéro 5482 a été communiqué par M. Huillar[
Bréholles, le numéro 5453 par M. Brunet, le numé[
5538 par M. Verreaux, le numéro 5700 par M. Robla[
les numéros 5558 et 5559 par M. Cartier (d'Amboise[
le numéro 5721 par M. Fréville.

Les autres numéros sont conservés, attachés à leu[
titres aux Achives nationales à Paris.

Tous ces sceaux ont été moulés sous la directio[
du service des Archives par un artiste habile et d[
voué à son œuvre, M. Carteaux.

Les empreintes sont communiquées avec la bien[
veillance et la courtoisie qui distinguent le personn[
entier de ce dépôt, et même sont remises à prix [
revient aux amateurs qui veulent les collectionn[
ou en tirer parti hors de la salle d'études.

Les numéros de l'inventaire, donnés dans les page[
qui précédent, renvoient à la description faite p[
M Douet-d'Arcq.

Cette description est précédée de l'indication de [
cote des Archives et suivie d'un sommaire de [
pièce scellée.

Nous ne saurions trop insister vis-à-vis de nos le[
teurs pour qu'ils consultent le plus possible : l'I[
VENTAIRE DE LA COLLECTION DES SCEAUX, publié par l[
Archives en 1861, 1867, 1868, chez M. Plon, éditeur.

Ils y trouveront une préface très remarquable et un cours de sigillographie très instructif, qu'il serait bien difficile de faire — je ne dis pas seulement, meilleurs, — mais, aussi parfaits.

TABLE ALPHABÉTIQUE

Avec l'indication

du département auquel la ville nommée appartien[t]

                                               Nos de l'inventa[ire]

ABBEVILLE (Somme).	5734 à 57[3]
AGDE (Hérault).	56[0]
AGEN (Lot-et-Garonne)	55[0]
AIMARGUES (Gard)	56[0]
AIRAINES (Somme).	57[3]
AIRE (Pas-de-Calais)	5503 à 55[0]
ALAIS (Gard).	56[0]
ALBENQUE (Lot).	58[1]
ALBY (Tarn).	56[0]
ALET (Aude).	56[0]
ALSACE (Province).	5440 à 54[5]
AMBIOLET (Tarn)	56[1]
AMIENS (Somme)	5738, 57[3]
ANCRE OU ALBERT (Somme).	57[4]
ANGERS (Maine-et-Loire).	54[3]
ANGOULÊME (Charente)	54[3]

Nos de l'inventaire

NGOUMOIS (Province)	5456
NIANE (Hérault)	5611
NJOU (Province)	5457
RGUEL (Seine-Inférieure)	5741
RRAS (Pas-de-Calais)	5506, 5507
SNIÈRES-SUR-OISE (Seine)	5574
THIES (Orne)	5742
UMALE (Seine-Inférieure)	5714
UNIS (Province)	5458, 5459
URIAC (Haute-Garonne)	5612
URILLAC (Cantal)	5460
UVERGNE (Province)	5460 à 5469
VESNES (Nord)	5508
VIGNON (Vaucluse)	5499 à 5501
YMET (Gironde)	5728
AILLEUL (Nord)	5509, 5510
AR-SUR-SEINE (Aube)	5481
ARBEYRAC (Aude)	5613
EAUMONT-SUR-OISE (Seine-et-Oise)	5743
EAUNE (Côte-d'Or)	5473
EAUQUESNE (Somme)	5744
EAUVAIS (Oise)	5745, 5746
ERGUES (Nord)	5511, 5512
ESANÇON (Doubs)	4474
ÉTHUNE (Pas-de-Calais)	5513 à 5515
ÉZIERS (Hérault)	5614
ORDEAUX (Gironde)	5566 à 5568
OULOGNE-SUR-MER (Pas-de-Calais)	5747, 5748

Bourbonnais (Province)	5479
Bourbourg (Nord).	5516, 551?
Bourgogne (Province)	5473 à 547?
Bray-sur-Somme (Somme)	5749
Brens (Tarn).	561?
Bretagne (Province)	5479, 548?
Bretenoux (Lot)	581?
Briatexte (Tarn)	5618
Brives (Corrèze)	569?
Brumath (Haut-Rhin).	544?
Brusque (Aveyron)	584?
Bruyères (Vosges).	5750, 575?
Bulles (Oise)	575?
Cahors (Lot).	5816, 581?
Calais (Pas-de-Calais)	575?
Cambrai (Nord)	5518 à 552?
Capdenac (Lot).	581?
Capestang (Hérault)	561?
Cappy (Somme).	575?
Caraman (Haute-Garonne)	562?
Carbonne (Haute-Garonne).	562?
Carcassonne (Aude).	5622, 562?
Cardaillac (Lot).	581?
Cassel (Nord)	5521, 552?
Castel-Sarrasin (Tarn-et-Garonne). . .	562?
Castelnau (Lot).	582?
Castelnaudary (Aude)	5624 à 552?
Castres (Tarn)	5628, 562?

Nos de l'inventaire

CAUSSADE (Lot)	5821
CAYLUS (Lot)	5822, 5823
CERNY-EN-LAONNAIS (Seine-et-Oise)	5755
CESSENON (Hérault)	5630
CHAMBLY (Oise)	5756
CHAUDARDE (Aisne)	5757
CHAUMONT (Oise)	5575
CHAUNY (Aisne)	5758
CLERMONT-EN-AUVERGNE (Puy-de-Dôme)	5461
COMPEYRE (Aveyron)	5842
COMPIÈGNE (Oise)	5759, 5760
CONFOULENS (Charente)	5631
CONQUES (Aude)	5632
CORBIE (Somme)	5761
CORDES (Tarn)	5633
CRANDELIN (Aisne)	5762
CRÉCY-SUR-SERRE (Aisne)	5763
CRÉPY-EN-LAONNAIS (Aisne)	5764
CRÉPY EN VALOIS (Oise)	5765
LE CROTOY (Somme)	5774, 5775
CYS-LA-COMMUNE (Aisne)	5766
DECIZE (Nièvre)	5712
DIJON (Côte-d'Or)	5474 à 5476
DOLE (Jura)	5557
DOUAI (Nord)	5523, 5524
DOULLENS (Somme)	5767
DOURDAN (Seine-et-Oise)	5576
DUNKERQUE (Nord)	5525, 5526

Nos de l'inventai

Epinal (Vosges)	5697, 569
Eu (Seine-Inférieure)	571
La Fère (Aisne)	576
Figeac (Lot)	582
Fimes (Marne)	548
Fons (Lot)	582
La Française (Tarn-et-Garonne)	582
Gabaret (Landes	555
Gaillac (Tarn)	563
Gaillac-Toulza (Tarn)	555
Gascogne (Province	5558 à 556
Gensac (Gironde)	556
Gignac (Hérault)	563
Gourdon (Lot)	5826, 582
La Grasse (Aude)	563
Gravelines (Nord)	5527, 552
Guebwiller (Haut-Rhin)	5444 à 544
Guise (Aisne)	576
Guyenne (province)	5565 à 557
Ham (Somme)	577
Hesdin (Pas-de-Calais)	552
Houdan (Seine-et-Oise)	557
Ile-de-France (province)	5574 à 560
Issoire (Puy-de-Dôme)	546
Langres (Haute-Marne)	548
Languedoc (province)	5605 à 569
Laon (Aisne)	5771, 577
Largentière (Ardèche)	563

	Nos de l'inventaire
La Rochelle (Charente-Inférieure) . .	5458, 5459
Lauserte (Tarn-et-Garonne).	5829
Lautrec (Tarn)	5639
Lavaur (Tarn)	5640
Lectoure (Gers)	5560
Le Mas-Saintes-Puelles (Aude)	5642
Lens (Nord)	5530 à 5532
Lézat (Ariège).	5553
Lille (Nord).	5533 à 5538
Limoges (Haute-Vienne).	5693
Limousin (province)	5692 à 5696
Limoux (Aude)	5641
Lorient (Morbihan)	5479, 5480
Lorraine (province)	5697 à 5709
Luçon (Vendée).	5806
Lyon (Rhône)	5710, 5711
Le Lyonnais (province).	5710, 5711
Mantes (Seine-et-Oise)	5578 à 5780
Mardick (Nord).	5539
Marle (Aisne)	5773
Marseille (Bouches-du-Rhône)	5809
Marmande (Lot-et-Garonne).	5570
Maubeuge (Nord)	5540
Maurs (Cantal)	5463
Mauzac (Puy-de-Dôme).	5464
Mayo ou le Crotoy (Somme) . . .	5774, 5775
Meaux (Seine-et-Marne).	5485
Melun (Seine-et-Marne).	5581

                                                      Nos de l'inventa[ire]
Metz (Moselle) . . . . 5699 à 570[0]
Mézières (Ardennes) . . . . . . 5486 à 548[8]
Mezin (Lot-et-Garonne) . . . . 550[ ]
Milhau (Aveyron) . . . . . . 5843 à 58[44]
Mirepoix (Ariège) . . . . 56[4]
Moissac (Tarn-et-Garonne) . . . . . 58[7]
Molières (Tarn-et-Garonne) . . . . . 58[3]
Monclar (Tarn-et-Garonne) . . . . . . 58[3]
Moncuq (Lot) . . . . 58[7]
Montagnac (Hérault) . . . . . . 56[4]
Montagut (Haute-Garonne) . . . . . 57[7]
Montaigu (Manche) . . . . . . 44[4]
Montatzat (Lot) . . . . 58[3]
Montauban (Tarn-et-Garonne) . . . . . 58[3]
Montdidier (Somme) . . . . . . 5777 à 57[7]
Montdoubleau (Loir-et-Cher) . . . . 57[ ]
Montesquieu (Haute-Garonne) . . . . 56[ ]
Montferrant (Puy-de-Dôme) . . . . 540[ ]
Montfranc (Aveyron) . . . . . . 58[4]
Montolieu (Aude) . . . . 56[ ]
Montpellier (Hérault) . . . . . 56[ ]
Montpezat (Tarn-et-Garonne) . . . . 58[3]
Montréal (Aude) . . . . 56[ ]
Montreuil-sur-mer (Pas-de-Calais) . . . 57[ ]
Montsalvy (Cantal) . . . . . . 54[ ]
Mortagne (Nord) . . . . 55[ ]
Moulins (Allier) . . . . 54[ ]
Mulhouse (Haut-Rhin) . . . . . . 54[ ]

	Nos de l'inventaire
Najac (Aveyron)	5847, 5848
Narbonne (cité), (Aude)	5650, 5651
— (bourg) —	5652, 5653
Nesle (Somme)	5784, 5785
Neuf-Brisach (Haut-Rhin)	5448
Nevers (Nièvre)	5713
Nimes (Gard)	5656
Nieuport (ancien département de la Lys)	5656
Nivernais (province)	5712, 5713
Noyon (Oise)	5786
Olargues (Hérault)	5659
Orban (Hérault)	5660
Orchies (Nord)	5542, 5543
Pamiers (Ariège)	5554
Paris (sceaux de la ville de) (Seine)	5582 à 5596
Penautier (Aude)	5661
Penne-d'Agen (Tarn)	5571
Périgueux (Dordogne)	5729, 5730
Périgueux-Puy-St.-Front (Dordogne)	5731
Péronne (Somme)	5787, 5788
Peyrac (Aude)	5662
Peyrusse (Aveyron)	5849, 5850
Pézenas (Aveyron)	5663
Plaisir (Seine-et-Oise)	5598
Poissy (Seine-et-Oise)	5599, 5600
Poitiers (Vienne)	5807, 5808
Poix (Somme)	5789
La Pomarède. (Hérault)	5664

Pomponne (Seine-et-Marne)	560
Pont-Audemer (Eure)	57
Pont-de-Vaux (Ain)	44?
Pont-de-Vesle (Ain)	44?
Ponthoile (Somme)	579
Pontoise (Seine-et-Oise)	5602 à 560
Port-Sainte-Marie (Lot-et-Garonne)	55?
Provins (Seine-et-Marne)	5489 à 549
Puy-Laurens (Tarn)	566
Rabastens (Tarn)	5667, 566
Réalmont (Tarn)	566
Reims (Marne)	5492 à 549
Ribeauvillé (Haut-Rhin)	5450, 54?
Rieux (Haute-Garonne)	5670, 56
Riom (Puy-de-Dôme)	540
Rouen (Seine-Inférieure)	5717 à 57?
Roye (Somme)	579
Rouffac (Haut-Rhin)	54?
Rue-en-Ponthieu (Somme)	57?
Saarbourg (Meurthe)	5702, 570
Saint-Afrique (Aveyron)	58?
Saint-Amand (Nord)	55?
Saint-Antonin (Tarn-et-Garonne)	58?
Saint-Bertrand-de-Comminges (Hte-Garonne)	56?
Saint-Denis (Aude)	56?
Saint-Dizier (Haute-Marne)	549
Saint-Emilion (Gironde)	55?
Saint-Flour (Cantal)	540

	Nos de l'inventaire
Saint-Gervais (Puy-de-Dôme)	5674
Saint-Girons (Ariège)	5562
Saint-Guilhem-du-Désert (Hérault)	5675
Saint-Hippolyte (Gard)	5676
Saint-Jean-Pied-de-Port (Basses-Pyrénées) .	5470
Saint-Josse-sur-mer (Pas-de-Calais). .	5793 à 5795
Saint-Junien (Haute-Vienne)	5694
Saint-Léonard —	5695
Saint-Maximin (Var)	5810
Saint-Omer (Pas-de-Calais).	5546 à 5548
Saint-Pol (Pas-de-Calais).	5549
Saint-Pons-de-Thomières (Hérault)	5677
Saint-Quentin (Aisne)	5796, 5797
Saint-Rémi (Bouches-du-Rhône)	5811, 5812
Saint-Riquier (Somme).	5798 à 5800
Saint-Valéry-sur-mer (Seine-Inférieure) . .	5729
Saissac (Aude)	5673
Salers (Cantal).	5469
Sarlat (Dordogne).	5733
Sauveterre (Aveyron)	5839
Saverdun (Ariège).	5556
Senlis (Oise).	5801
Sens (Yonne)	5496
Soissons (Aisne)	5802
Strasbourg (Bas-Rhin)	5453
Soultz (Haut-Rhin).	5455
Tarascon (Ariège).	5502
Thionville (Moselle)	5704

	Nos de l'inventaire
TORIGNY (Manche)	572
TOUL (Meurthe)	570
TOULOUSE (Haute-Garonne)	5680 à 568
TOURS (Indre-et-Loire)	585
TROYES (Haute-Marne)	549
TULLE (Corrèze)	570
UZERCHES (Corrèze)	569
UZÈS (Gard)	568
VALENCIENNES (Nord)	555
VAUCOULEURS (Meuse)	549
VERDUN-EN-GASCOGNE (Tarn-et-Garonne)	5563, 556
VERDUN (Meuse)	5708, 570
VERNEUIL (Eure)	572
VÉTHEUIL (Seine-Inférieure)	572
VIERZON (Cher)	547
VILLEFRANCHE-EN-LANGUEDOC (Aveyron)	568
VILLEMAGNE (Hérault)	568
VILLEMOUSTAUSSON (Haute-Garonne)	569
VILLEMUR (Haute-Garonne)	569
VILLENEUVE-EN-ROUERGUE (Aveyron)	5853, 585
WAILLY (Pas-de-Calais)	5803, 580
WISSENT-SUR-MER (Pas-de-Calais)	580

AVIS

Les photographies des sceaux sont vendues séparément ou par séries.

Pour demandes ou renseignements, s'adresser à M. Geoffray, rue Rollin, n° 4, ou à l'Imprimerie, 8, rue Campagne-Première.

SOUS PRESSE :

RÉPERTOIRE DES SCEAUX DES VILLES FRANÇAISES *décrits et inventoriés par* **G. Demay**, à la Bibliothèque nationale (collection Clairambault), aux archives des départements du Nord, du Pas-de-Calais, de la Seine-Inférieure et de la Somme.

*
* *

RÉPERTOIRE DES SCEAUX DES VILLES FRANÇAISES, inventoriés, décrits ou indiqués par les différents auteurs, ou communiqués par les possesseurs ou chercheurs, ou découverts par l'auteur.

www.ingramcontent.com/pod-product-compliance
Lightning Source LLC
Chambersburg PA
CBHW070705042